人生は七転び八起き

内海桂子

飛鳥新社

人生は
七転び八起き

人生は七転び八起き◉目次

第1章　転んでもただでは起きぬなにごとも

第2章　年齢を重ねて思うこと、いろいろ

70 **【生涯現役】**年が増すにつれ、存在する必然性が身に染みてわかってこなくてはなりません。
74 **【女の矜持】**女ならきちんと身なりを整えなさい。〝女であること〟と〝年齢〟は関係ありません。
78 **【学び続けること】**「習うは一生」。年齢に関係なく自分のためになることは、どんどん学ぶべきです。
82 **【最高の人生】**終わりよければすべてよし。何事も自分で納得できる締めくくり方が大事です。

第3章　健康に生きる。百歳の壁もなんのその

第4章　ボヤかず、楽しく、人と付き合う

第5章　酸いも甘いも。人生で一番大切なこと

装丁　名久井直子
挿画　矢部太郎
写真　「Quick Japan vol.137」太田出版
撮影　永峰拓也

２０２０年８月22日、内海桂子さんが永眠されました。
本書は内海桂子さんが生前に語り下ろした言葉を
ご主人の成田常也さんが文章化し、まとめたものです。

第1章

転んでも
ただでは起きぬ
なにごとも

1 【年の功】

多くの人が年を取ることを
マイナスに捉えている
ようですが、ウソですよ。

私は、大正11（1922）年の生まれで、9月がきて満98歳になります。来年百寿ということで、今風にいえば「アラ百」です。40歳前後の人を指す「アラフォー」とか、還暦前後を指す「アラ還」という言葉は知っていましたが、「アラ百」という語は知りませんでした。ところが、ここ1、2年ほど前からよく聞こえてくるようになりました。日本も長寿国になったものだと感心する一方、かく言う私も「アラ百」に含まれているわけで、あらためて長生きしたものだと実感しています。

私は生まれてこのかた多くを望んだこともなく、贅沢《ぜいたく》をしたこともありません。ただ、目の前のことを一生懸命やるだけで精いっぱいでした。これからも変わりはありません。そして、目をつぶるまで舞台に立ち続けるつもりです。

そんな自分を基準にして、若い人に厳しくなることもありますが、意地悪をしているわけではありません。さすがにこの年にもなれば、完全な健康体ではいられません。

体の右側は下駄骨折、大腿骨折、右乳がん、右手首骨折、右目緑内障のうえに、肺炎とだいたいやられています。でも、いまでも舞台に上がりますし、若手にいろんなことを伝えて、芸の歴史をつながなきゃいけないと思っています。伝統的なものを廃れさせないのも年寄りの役目だし、最近は「歴史をつなぐ責任」も自覚しています。長生きするって、そういう責任がついてくるんじゃないかしらね。

年を取るということは体が弱ったり責任がともなったりするだけじゃなく、いいことや楽しいことも増えてきます。

たとえば、舞台で「私はアラ百なんですよ」と言うと、客席がどよめいたり、拍手が起こったりします。マネージャーが言うには、初見の仕事を依頼されるときは、必ず「師匠はお元気なんですよね」と確認されるそうです。

そりゃそうだねって思います。

やはり大正生まれの芸人とあれば、ちゃんと動けているか聞きたくなるのも道理です。逆の見方をすれば、大正生まれなんてはなから出演交渉の対象外ということも十分あり得ることですが、私は動けるし、年齢がネタになるのだから、年を取るのも悪くありません。

また、私くらいの年になると、若い素敵な男性に抱きついても、嫌な顔をされません。若いころよりも、簡単にイケメンと仲よくなれる。それだけでもウキウキします。ですから最近は、「年を重ねることは、楽しみが増えること」だと思うようになりました。

多くの人が年を取ることをマイナスに捉えているようですが、ウソですよ。

年とともにいいことも増えます。

まさに、「アラ百、バンザイ」です。

2

【新しいことに向き合う】

やりたいことや好きなことは
年齢に関係なく始めればいい。
知らないことは山ほどあります。

年を取ると、新しいことをするのが億劫《おっくう》になるかもしれません。それに、いまの若い人たちの世界はわからないことだらけ。でも、やってみると意外に楽しいし、わからないことは聞けばいいいんです。

私は、新しいことを始めるのに、あまり躊躇《ちゅうちょ》しません。勧められれば一応やってみるし、求められれば断りません。やってみなければよしあしの判断がつかないし、やってみて嫌だったら、次から断ればいいのです。

私は絵を描いて個展を開いたり、漫才協会のカレンダーなんかに使ってもらったりしていますが、これも習ったわけでもないし、始めたのは50歳を過ぎてからのことで、本格的に描き始めたのは80歳を超えてからです。

ツイッターを始めたのも87歳からです。

以前、私は、新聞に折り込まれてくる広告紙の裏に自分でマス目を引いて

２００字の原稿用紙を作り、作文を書いていました。それを見ていた亭主が、「師匠、ツイッターをやってみませんか」と勧めてきたのが始まりです。

「なんだね、そりゃ」と聞くと、１４０字以内でなんでもいいから思ったことを作文すれば、私が打ち込みますよと言うので始めました。

パソコンだのケータイなど、私にはちんぷんかんぷんなので、文字を機械に打ち込むのは亭主で、私はつぶやくのが担当です。

ありがたいことに、私のつぶやきを見てくださる人がどんどん増えて、いまでは50万人近くになっているそうです。

私がなにかをつぶやくと、50万人近くに知れ渡るというわけですから、毎日、「こんなことって、世の中、おかしいんじゃないの！」と思うことや、その日に起こった身のまわりのことなどを腹を据《す》えてつぶやいています。とはいえ、道理に合わないことを「おかしいよ」と言うのは、ふだんのままの私です。

世の中に対して言いたいこと、語り伝えておきたいこと、私ごとで白状したいこと、そして新聞や雑誌などにまだ書き表していないことがらなど、日々浮かんでくることをこれからもつぶやいていこうと思っています。

毎日、気が利いたことをつぶやくのは大変だけど、テーマを考えるだけでもおもしろいし、ボケ予防にもなります。

世の中には、まだまだ私が知らないことが山ほどあって、それらを知ることは楽しいし、始めてみるとおもしろいことが多い。長生きはするものです。

趣味だけでなく、コーヒーを好きになったのも90歳になってからです。それまでは日本茶以外の飲み物は口にしなかったし、打ち合わせで出されたコーヒーにもちょっと口をつけるだけでした。

ところが、亭主が勉強して、豆から挽《ひ》いて淹《い》れてくれたコーヒーがほんとうにおいしかったので、それ以来、家ではコーヒーを飲むようになりました。

私は、これからも新しいことをやったり、おいしいものを食べたいと思っています。

お年寄りの中には、「もう年だから」と新しいことに向き合うことに消極的だったりする人が多くいます。

何歳だから可で、何歳だから否なんてもんはないし、「年相応に」などと考えていたら、やれることまでできなくなります。

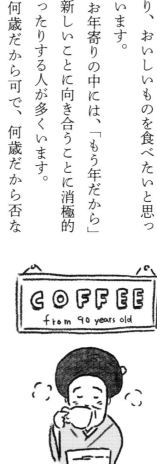

生きているうちは好きなことを見つけて、やりたいことは年齢に関係なく始めればいいんです。

日々の楽しい暮らしに秘訣というほどのものはありませんが、知識を増やしたり、新しいことに向き合うことは楽しいものです。

気が向かないことを始める必要はありませんが、ちょっと興味があったり、気になることがあるのなら、やったほうがいい。やってみたら意外と簡単だったり、おもしろかったりすることもあるはずです。

食わず嫌いは、自分のためになりません。

3【心の持ちよう】

人生、つらいこともありますが
生きていれば楽しいことも
たくさんあります。
もっと喋りましょう。
メールだけじゃ静かすぎます。

監督に殴られて自殺をする若者がいるかたわら、叱った祖父母を殺してしまう若者もいる。

生き死にの価値観がこうも違っているのかと思うと切なくなります。殴ってもまさか自殺するとは考えなかっただろう指導者と、叱ったくらいで殺されるとは思わなかっただろう祖父母。いずれも若者と命に対する考え方が違っていたために起きた悲惨な事件です。

また、児童虐待やいじめを苦に自殺するなんていう悲惨な事件も後をたちません。

児童が親に殺されたり、未成年者がいじめで自殺をするのは本当に心を痛めます。虐待事件を防ぐためには周りの大人の力が必要不可欠ですが、いじめによる自殺は本人の意思で防げるものです。どうして怒鳴ってでも自分の気持ちを伝えなかったのかとも思いますが、ものを言わない生活に慣れてしまうと急には喋《しゃべ》れないのでしょうか。

殴られたら殴り返す心構えはあって然《しか》り。親がそう指導して注意深く見守らない限り子供はどこにも助けを求められません。

実は、私も自殺を考えたことがあります。

母親に連れられて出戻った実家で、祖父の後妻に毎日毎日いじめられて死にたいと思う日々を過ごしました。でも、「母ちゃんが悲しむだろう」と思って、なんとか踏みとどまりました。

いまの時代、私のように小学校中退というわけにはいきませんが、いじめの根源が学校にあるのなら、あえて行かせないのもひとつの手だと思います。

また、子供が自分の世界をつくるには、親元から離れなくてはいけません。無理に守ろうとすると、壊れてしまうものもあります。親にとって重要なのは、子供を突き放すことと、そのタイミングです。

若者に人生を説く。それが親や年寄りの義務です。

若い人の早死には本当にもったいない。口をきいてくれないなんて言ってないで、もっと喋りましょう。メールだけじゃ静かすぎます。当たり前だけど、ほっといても人間いつかは必ず死にます。だからこそ、死ぬ気で精いっぱい生きましょうよ。

人生、ときにはつらいこともありますが、生きていれば楽しいことや嬉しいこともたくさんあります。

つらいことも楽しいことも本人の心持ち次第。どうせだったら楽しむことを覚えましょうよ。

雑草は踏みしだかれても
春には芽を出し、
やがて花を咲かせます。

思い起こせば、大正、昭和、平成、令和と、たとえ世の中がどうなろうと、いつも前向きに生きてきたつもりです。

そこには、ねじ巻き人生という私の人生哲学があります。頭を悩ますことはたくさんあったし、さまざまな波乱はありましたが、ことあるごとに自分でねじを巻いて生きてきました。

9歳で蕎麦屋に奉公に出てからさんざん苦労しましたが、いまその苦労がようやく元をとっているという形になっています。

百歳近くになったいまでも現役で仕事をさせてもらっているのは、本当にありがたいことです。

年老いた晩年に大輪の花を咲かせることを「老いの入舞《いりまい》」と言いますが、私の人生はまさにそのとおりなのです。

苦労はしてきましたが、つらいと思ったことは一度もありません。

なぜなら、他人に指図されたわけでもなく、自分で決めて、納得して生きてきたからです。

世の中には算盤《そろばん》ずくでしか動かない人間もいますが、私の人生は打算的ではなく、自然流です。

春に地べたから生えてくる草花を見ているのは、おもしろいものです。そこいらに昨年生えていたのに、今年はもうだめかなと気にしていると、必ずといっていいほど芽を出すのはねじり花や母子草《ははこぐさ》などです。これらの草花は一般には雑草と呼ばれています。

昭和天皇は、「雑草という草はない」とおっしゃったそうで、これにはまったく同感です。

これらの草は、踏みしだかれても、春になるとちゃんと芽が出てきて、やがてかわいい花を咲かせます。

人間も、こうありたいものです。

昭和から平成になり、昭和天皇がお亡くなりになったときがちょうど七草の日だったので、こんな歌を作ってみました。

植物を愛し召されし　大君の
身まかるこの日　春の七草

5 【失敗も受け入れる】

ボケない用心、気の用心。
年寄りのしくじりにも
チャンスを与えて見守るべきです。

90歳を過ぎて、初めて家の近所で道に迷いました。

年に数度は通っている髪結いさん（美容院）に歩いて向かう途中、知らないところに出てしまったのです。たまたま近所の人が通りかかり、道順を教えてくれたので家へ帰り着くことができました。

翌日、現場検証をしてみたところ、髪結いさんとは正反対にある耳鼻科に行く道を歩いていたことがわかりました。

なにか考え事をしていたのか、無意識に逆方向へ歩いていて、気がついたら知らない場所にいたというわけです。

それまでは道順など意識しないで歩いていましたが、それ以来、通い慣れた道でも確認しながら歩くようにしています。

この頃は、病院やホテル、劇場なども広くて立派なので、はじめてのところだと、トイレに入って出てくると、方向がわからなくなることがあります。ですから、どっちから来て、どこを曲がったのかを確認してからトイレに入るようにしています。

年寄りが家の近所で道に迷うと、家族が「徘徊《はいかい》が始まった」と、外出させないようにするのが普通かもしれません。

年寄りが一回しくじると、「もうダメ」「一人で出歩かないで」と守りに入る。でも、年寄りにもチャンスを与えるべきだと私は思います。

外出禁止では、「臭いものにはふた」と同じで、悪くなる一方です。心配なら、そっと後ろをついていって見守る。重症であれば、善後策を講じればいい。

年寄りは、ボケない用心、気の用心を心がけ、周りの人はできるだけチャンスを与えて見守るべきだと私は思います。

気の用心
ボケ用心
カーン

6【人生の肥やし】

人生はすべてが
肥やしになる。
だから、すべてがよし。

私のマネージャーである亭主とはじめて会ったのは、昭和62（1987）年のことでした。

私が64歳、彼は40歳でした。それまでに私は、子供は二人産んでましたけど、まともな所帯を持ったことがありませんでした。一人目の男は妻子持ちだったし、二人目は博打好きのヒロポン中毒で家に寄りつきませんでした。

24歳年下の彼とお付き合いをしていくうちに、「この人だったら一緒に暮らしてもいいな」と思うようになり、最初は、流れで同棲を始めた感じでした。そして、一緒に住むようになって、彼のことを知るにつけ、「この人とだったら、ずっと暮らしても問題なし。波瀾万丈の人生に幕を引き、落ち着いた暮らしを始めよう」と、腹が決まりました。しかし、息子の勝利が自分より年下の親父なんて絶対に認めないと反対していたということもあり、私は結婚届を出すこともないだろうと思っていました。ですから、しばらくの間、私たちは内縁の夫婦関係だったのです。

ところが亭主は、どうしても戸籍上の夫婦になることにこだわっていました。彼がそこまでこだわった理由は、ひとつには男としての責任を確固たるものにしたいということ。そして、ひとつには安藤家（私の姓）の戸籍をきちんとしたいというものでした。

私も母も、事情は異なるものの、連れ合いの欄が空白のまま子供を産みました。それが不憫《ふびん》だったようです。

昔の戸籍法では、跡取りは家を離れることができませんでした。母には兄弟がなく、跡取りとして婿養子を取らなければいけませんでした。ところが惚れた相手は長男で、やはり他家には入れない運命でした。その結果、二人は駆け落ちをして、母は結婚できないまま私を産んだのです。

私はと言うと、私の長男の父親である高砂家《たかさごや》と志松《しまつ》は妻子持ちだったので、当然、結婚はできませんでした。長女の父親は独身だったため、婚姻と出生の届けを相手の本籍地である広島県呉市に、当時住んでいた三ノ輪《みわ》の町会を通して提出しました。ところが、後年わかったのですが、原爆やら戦後のどさくさで、届けが受理されていなかったのです。

いまの亭主とは一緒に暮らし始めて10年ほどが経った平成11（1999）年に結婚式を挙げ、私たちは正式な夫婦になりました。長女の父親との婚姻届けが受理されていなかったので、私は77歳にして初婚。亭主は53歳で、正真正銘の初婚でした。日本では夫婦別姓は認められていないので、私たちの場合は、彼が安藤の姓になってくれました。

年の差婚もいまではさほど珍しくなくなりましたが、当時は大変でした。週刊誌やテレビのカメラマンが家の前で待ち構えていたり、二人でいるところを隠し撮りされたりして、落ち着きませんでした。彼が私と結婚したのは遺産目当てだとか、彼が私を食いものにしているだなんてことを、雑誌に書き立てられたりもしました。

でも、それは違います。彼は初めから、「私が師匠を養います。女に養われるのは、私の心情にそぐわない」という考えでした。

そして、いまも、私の体と仕事を大切にしてくれています。

直々の弟子であるナイツが、私たちのことを「53歳で初婚の相手が77歳」とネタにしています。

こちとら芸人とその亭主ですから、なんだって話題にしてもらえるんだったら「よし」としています。

「内海桂子は９００歳なんですよ」なんてくだらないことも、ときどき言っていますが、どうせだったらネタを作ればいいのにと思っています。


「内海桂子師匠は900歳だろ?」

「バカだね。そんなわけないだろ」

「なんでだよ」

「そんなに生きられるほど金持ちじゃないよ、桂子師匠は」


これくらいやって、私をもっとネタにしてもらいたいものです。

7【根っこが大切】

どんな植木だって
根っこがなければ花は咲かない。
根っこをぞんざいに
してはいけません。

近い将来には、人工知能やロボットが進化することで、人間の生活が便利になるどころか、機械に仕事を奪われてしまい、失業者があふれてしまうなんて話を耳にします。

確かに機械にとってかわられる仕事はあると思いますが、人工知能やロボットに代替えがきかない職業もたくさんあります。

たとえば、芸術作品は人の手から生まれるものです。日用品だけをみても、着物は手でしか縫うことができないし、茶碗は手でしかひねることができません。人間の手でなければ作れないものはたくさんあります。当意即妙のアドリブで話を楽しくする芸も、芸人にしかできません。

私が舞台に出て行ったときに、客席から、「待ってました！」と声がかかったら、間髪入れずに「死ぬのをでしょう？」と返せば、どっと笑いが起こります。これなんかは片足を棺桶に突っ込んだ百歳近いババアが元気な声で言うから爆笑が起こるけど、ロボットがやったっておかしくもなんともありません。講演会では笑わせているばかりじゃありません。

年寄りが集まっていれば、

「お年寄りというものは、いきなり年寄りになったわけではなく、初めは根っこが育ってきて、枝を広げ、花も咲かせて年寄りになったのです。そして、一度は花を咲かせた男女が一緒になっているのです。どんな植木だって根っこがなければ、花を咲かせられません。ですから、根っこをぞんざいにせず、根っこを忘れることなく生きてください」

などとお説教もします。

ロボットの活躍の場は広がりつつあるようですし、一人の人間なんてちっぽけなもので、どんなに逆立ちしたって機械にかないっこありません。だったら、機械にとってかわる職業は置いておいて、人間の手でしかできないことを身につけなさい、と言いたいのです。大きい会社にばかり入りたがるのもいかがなものかと思います。大きい会社ほど、大将になれる可能性は低くなるし、大きな歯車の一片になって、定年で追い出されるのがオチでしょう。

ロボットにとってかわられることもなく、定年もなく、いつまでもお山の大将でいたかったら、長い年月をかけてでも、人間の手でしかできないことを身につけるべきです。

8【希望と勇気】

人生は七転び八起き。
今日がダメでも明日がある。
転んだら起きればいいんです。

お金に執着ばかりしていて腕をみがかない人がいますが、人たるもの、なにより腕がなくてはいけません。小金を持っていても、使ってばかりいたらいずれはなくなってしまいます。ところが腕は消えてなくならないどころか、お金を生み出します。

私は、親に経済力がなかったために、小学校を3年の途中で退学し、蕎麦屋の奉公人として働きました。それ以来ずっと働いていますし、男にも食わせてもらったことがありません。蕎麦屋の奉公が明けて家に戻ると、母が「これから生きていくために、三味線と踊りを習っときな」と言いました。

この言葉が、私の人生を決めました。

鼻緒屋さんで仕事をして、稼ぎの半分を実家に入れ、もう半分を月謝にあてて、三味線と踊りの師匠の家に通いました。この習い事が、その後の人生の大きな財産となりました。三味線も踊りもそうですが、体で会得したことは、人さまのお役に立ったり、銭を生んだりするものです。

三味線と踊りを身につけてからというもの、「頭と体を使うと銭になる」を信条に、芸人として今まで働いてきました。

芸に限らず、お金を稼ぐためには頭と体の両方を使うことが大事です。なにかを売るにしても、考えなしに売ろうとしても、売れません。

また、いいアイデアが閃《ひらめ》いても、体を使って実行に移さなければ商機を逸してしまいます。

借金が返せないで自殺する人もいますが、その前になんでもやってみる勇気が湧かないものかと思います。小学3年中退の私は世間的にはよくないですが「なにくそっ」という気持ちは人一倍ありました。

戦後間もないころに吉原で団子を売ったのはその最たるものです。

従兄が戦地から無事に帰ってきたのですが、日本は国民総空腹時代で、みんなが食うに困っている状況で、彼にできるような仕事はなにひとつありませんでした。そんなある日、

「姉さん、これを売ってくれないか」

と、従兄が焼き団子を持って私を訪ねてきました。従兄は召集されるまでは、お煎餅屋さんの職人として働いていたので、焼き団子を売って生計を立てようと考えたわけです。

ところが、従兄が住んでいた竹ノ塚は、当時は片田舎で、住人のほとんどが農家の人たちでした。そんなところで団子が売れるはずもないし、従兄は根っからの職人気質で、商売には向いていませんでした。

いくら私に度胸があるといっても、芸人が物を売るなんて、薄みっともなくて、とてもできません。一度は断ったのですが、従兄も飢死するわけにはい

かないので必死です。

人に泣きつかれては、私ももう駄目です。そこで、私は従兄が作った焼き団子を持って、吉原のお女郎屋さんを一軒一軒回ったのでした。そうしたところ、お女郎さん方の反応も上々で、持って行った150本の焼き団子が完売しました。

いま思えば、店の前に立つお兄さん方に許しを得て、中のお女郎さんに団子を売った勇気には我ながら感心します。

吉原へ売りに行ったのは、それなりの理由があってのことです。以前、母が吉原の中で味噌おでんを売っていたことが頭の片隅にあって、地の利もいいし、吉原だったら売れると考えたわけです。それに、当時はともかく食糧難の時代で、おなかを減らしたお女郎さんたちが飛びつくはずという読みがありました。

母も生活費を稼ぐために、震災後はカンナや納豆を売って歩いたり、魚屋のお手伝いをしたり、いろいろなことをやってきた人でした。母親の背中を見て育った私は、そんな母の血を受け継いでいるようで、やはり血のつながりを感じます。

予想外の売れ行きに味をしめた従兄と私は、焼き団子を作ってはせっせと売り歩きました。吉原で商いを始めて間もなく、お女郎さんたちのおなかが空く真夜中をねらって、のり巻きといなり寿司を作って売ることを思いつきました。昼過ぎまでにお団子を売り歩いたあと、家へ帰ってお寿司を作り、夜中の11時から売りに出かけました。焼き団子もお寿司もおもしろいくらい売れました。

とにかく、人ってのは、動けばカネになるんです。生きていこうと思ったら、私のようになんだってやれるはず。

私は9歳から働き始めて、百歳近くなったいまでも働いています。貧乏ゆえに奉公に出された蕎麦屋に始まって、下駄の鼻緒つけ、チンドン屋、そして焼き団子やお寿司を売ったり、キャバレーに勤めたり。多少、身を落としたとしても、とにかく体さえ動かしていれば生きていけるんです。

「つらい」とか「死にたい」とかグチをこぼしたり泣き言をいう暇があったら、まずは動いてみる。そうすると、なにか新しいことが起こるものです。

人生は七転び八起き。転んだら起きればいいんです。人は死ぬ気になれば、だいたいのことはできるはずだし、下り坂があるから、また上れるんです。下りっぱなしなんてことはないんです。

今日がダメでも明日がある。

関東大震災も戦争も生き延びてきた私が言うんだから、間違いありません。

第2章

年齢を重ねて思うこと、いろいろ

9
【歴史をつなぐ責任】

世間のしきたりや
生活の知恵を伝えることが
年寄りの大事な役目です。

「年寄りは家の宝」「年寄りのある家には落ち度がない」ということわざがあるように、経験豊富で、なんでもよく知っている老人のいる家には世間から非難されるような間違いが起こりません。

ところが、最近では、宝になる年寄りとならない年寄りがいるのです。宝にならないとは、「宝の持ち腐れ」のこと。

昔は、経験豊富な年寄りは世間のしきたりや生活上の知恵について口うるさく教えたものだし、若い人は教えを請うたものです。

三世代同居などの大家族世帯が減少し、核家族化が進んだいまは、そんな機会も少ないから、年寄りも手取り足取り教えることもないし、逆に若い人も教えを請うことも学べる場も少ない。

こんな状況が続いたら、いまの若い人たちは、年を取っても宝を持てなくなるんじゃないでしょうか。

一方で、教えを請おうと思えばできるのに、めんどくさがって年寄りから習おうとしないし、自力で覚えようともしない。

いまの人が年寄りになると、家の宝どころか、捨てるに捨てられない粗大ゴミになるかもしれません。

昔はおせっかいな年寄りが多くいましたが、最近では遠慮して、若い人たちにものを言う老人もめっきり減りました。

私は16歳のころから芸能の仕事をしているので、伝統的な漫才も知っているし、覚えています。

戦前からの浅草芸能を目で見て耳で聞いて、体で実演してきた漫才師として、それを若い世代に伝えておかなければならないと思っています。

若手にいろんなことを伝えて、芸の歴史をつなげなくてはいけないと思っています。こうした伝統的なものを廃れさせないのも年寄りの役目で、これは、どの世界でも当てはまることです。

年を重ね、長生きするということは、そういう責任がついてくるんじゃないかしらね。

年寄りを　いたわるばかりが　政治じゃない
生かして使えよ　老いの智恵

10
【了見を育てる】

本物を知る年寄りだからこそ
若い人に対してもっと
正しい了見を吹き込むべきです。

私が名誉会長を務めている漫才協会には、毎月のように若い志望者たちがやって来ます。もちろん若い男の子たちが漫才を志望するのはいいことですが、私としては、ジジイ、ババア連中にも来てもらいたいと思っています。年寄りには年寄りのワザってものがあります。

そのさまを若い人たちに見せてあげたい。

たとえば、いまの時代劇なんて見てられないし、着物の着付けにしてもずいぶんと甘い。だから、昔の〝本物〟を見てきた年寄りたちは引っ込んでないで、どんどん表舞台に出てほしいと思っています。そうすれば、若手も育ちますしね。

ついでに言えば、おじいちゃん、おばあちゃんには子育てにも首を突っ込んで、正しい了見を孫に吹き込んでもらいたいものです。

了見とは、考え、気持ち、思慮を指す言葉で、心の持ち方というか、人としての心得というか、相手に対する気働きみたいなもので、わかりにくければ根性と解釈してもいいと思います。

本来、子供の了見を育てるのは親の役目ですが、いまの親はすっかり子供に甘くなっているようで、ほとんど期待できません。

最近では、いい年をした母親が、年寄りが聞いたらぎくっとするような言葉遣いを平気でしています。

たとえば「やばい」なんて語は、その最たるものです。

やばいというのは、もっともゲスな言葉で、女性が使うものではありません。そんな母親は、子供のころに正しい了見を吹き込んでもらえなかったわけだから、その親である祖父母も推して知るべしで、なにも期待できません。

世の中をちゃんと生きて行く上でいちばん大事なのが、言葉遣いです。

言葉はその人の生活の中から出てくるものですから、言葉ひとつで、人間性がわかります。見た目の器量は変えられませんが、言葉遣いはいくらでも美しくできます。

孫が乱暴な言葉遣いや、ぞんざいなもの言いをしていたら、親にかわって注意してあげてください。

人間は氏より育ちで、どんな育てられ方をしてきたかが問題です。やはり、正しく手塩にかけて育てられた子は、まともな大人に成長します。

いまどきの母親には、

「子の魂をつくってやるのは、親の責任ということを忘れないように」

と、あらためて教えないといけないのかもしれません。

11 【言葉遣いの工夫】

年寄りだからこそ言うべきことを伝える〝工夫〟が大事なのです。

私の仕事は、まず芸をお見せすることです。そして、歌と踊りが終わっても拍手が続いていたら、サッサと楽屋に戻るのではなく、「ありがとうございます」「またお目にかかりましょう」「お気をつけてお帰りください」と気持ちを伝え、幕が下りきるまで客席に手を振り続けます。

私は言葉と芸でいままで生きてきました。

時事問題や世界情勢をよく知って

いなければ漫才はできないし、言葉や表現を知らないといけません。そのためには、勉強が必要です。人との会話も同じです。世間話をするにしても世の中の動きをつかまえていないとだめですし、相手の気持ちをそらさないしゃべり方を心がける必要があります。

会話が続くように、相手に合わせて言葉をつないでいくと、心もつながっていくのです。

私は、ときどきたとえで表現することもあります。

身に余ることをしようとしている人には「おたまですくうものは、おさじではすくえないよ」と言います。似たようなことですが「一升枡《ます》は一升しか入らないんだよ。一升以上入れたら、こぼれちゃうんだよ」とも言ったりします。

人はどうだか知りませんが、とげとげしい言葉で諫言《かんげん》するより、このほうが効き目があるし、相手もあまり傷つかないと私は思っています。

年寄りの中には、「なにを言っても許されるだろう」「言いたいことを言うのが高齢者の特権」だと勘違いしている人がいますが、大間違いです。

年を取ったからこそ、相手の気持ちを傷つけないで、言うべきことを伝える表現の〝工夫〟をするべきです。

見た目の器量は変えられませんが、いろんな言葉や表現を知っていれば言葉遣いはいくらでも美しくできます。

言い方も大事です。声の大きさや抑揚、顔の表情などで、相手に与える印象はまったく変わります。

周りから好感を持たれるかどうかは、言葉ひとつで決まります。

12

【自分を省みる】

コミュニケーションを
積極的にとること。
ときには鏡に映った自分を
見つめることが必要です。

「暴走老人」とか「老害」という言葉をよく耳にするようになりました。

現代には合わない古い価値観やかたい考えを若い人に押しつけたり、自分が悪いにもかかわらず、相手が悪いと決めつけて怒鳴り散らしたりする自分勝手な年寄りのことを指すようです。

こういう年寄りは、長生きしているというだけで若い人を見下しているので、間違いを指摘されても、若い人が全面的に間違っていて、自分が正しいと思い込んでいます。

傍《はた》から見れば、理不尽な説教も、本人はそのことに気づかずに、むしろありがたい説教をしてやっているんだと勘違いしています。

また、そのような方は飲食店などでは「お金を払っている」という意識が強いのか、店員に横柄な態度をとることが多いようです。

一般的に年寄りはニコニコと穏やかに若い人を見守る存在で、人は年齢を重ねると丸くなると思われています。でも、聞いた話だと、年齢を重ねるにつれて「怒り」の感情をコントロールするのが難しくなるそうです。

詳しいことはわかりませんが、なんでも怒りの感情を制御する役目を果たしている「前頭葉」というところが加齢とともに衰えて、怒りの感情を上手く制御できなくなるため、暴走老人と呼ばれるような行動に走る高齢者が出てくるのだそうです。

年を取って怒りやすくなるという現象は、いまに始まったことではなく、昔から起きていることのようです。でも、暴走老人化する年寄りはいまのほうが多くなってきていると思います。

これは暮らしの変化にも大きく関係しているようで、日常生活の中で家族やご近所さんたちとのコミュニケーションが減って、感情をコントロールすることが少なくなったことが、その増加の原因につながっているようです。

暴走老人にならないためには、何事にも興味を持って、自分の好きなことや趣味などなにかしらの活動を行うことで、自発的に人とコミュニケーションをとることです。

たまに若い店員や駅員さんに対して、やたらと上から目線でものを言っている老人がいたり、現代では通用しないような時代遅れの説教をしている高齢者を見かけることがあります。

「人の振り見て我が振り直せ」と言いますが、自分が老害になっていないか、ときには自分を省みることも必要です。

13

【生涯現役】

年が増すにつれ
存在する必然性が身に染みて
わかってこなくてはなりません。

人口急減と超高齢化が経済社会に及ぼす影響が問題になっていますが、同時にいまほど年寄りが大切にされている時代もなかったような気がします。

年寄りのことを考慮し、いたわってくれるのは実にけっこうなことですが、問題は、年寄りがそれに対して甘えすぎてはいけないということだろうと思います。

たまたま私は、漫才師という定年もない仕事をしているから、百歳近くになったいまでも働いています。

漫才の世界で生き続けるのも、単に年月を重ねていけばいいというものではなく、年が増すにつれて存在する必然性が身に染みてわかってこなくてはなりません。

それが若手に戦前からの伝統的な漫才を伝えておかなければならないという義務感につながっています。

よく、「60歳だからもう働けない」とか「70歳だからこの服は派手」なんて、年齢で決める人がいますが、それはおかしいでしょう。

年齢は関係なく、働きたければ自分がやりたい仕事を探せばいいし、服は自分の好みで選べばいい。人の言葉に惑わされず、心を穏やかに保って自然に生きるのが大人というものです。

「私は十分やってきたから、もうなにもしたくない」

「老後は家の奥でのんびりしていればいい」

なんて言ってテレビの前で横になってばかりいる方は足腰が弱って、頭もボケてくるんです。

そうならないためにも、なにかやらなければいけないことを持つべきです。趣味もいいですが、義務に近いものを見つけるとよりいいでしょう。

誰だって体を動かす気になれば、なにか次につながるものに気づくはずなんです。

そして、老体に鞭《むち》打って生涯現役をつらぬいて、ポックリと逝く。

長く患ってしまうと周りが大変だし、自分自身もつらいので、ある朝、

「あれっ？　息してないよ」

なんて具合にポックリ逝ければいうことはありません。

14

【女の矜持《きょうじ》】

女ならきちんと
身なりを整えなさい。
〝女であること〟と
〝年齢〟は関係ありません。

配慮に欠けた言動だけでなく、服装にも無頓着な高齢女性をたまに見かけることがあります。なにも高価なものを着ろとは言いませんが、女ならきちんと身なりを整えるべきだと私は思います。身だしなみの整った格好でなければ、人としての信用を得られません。たとえ隠居の身だとしても、外出するときには周りに不快感を与えないように服装に気をつけるべきです。

私が外に出るときは、たいてい着物です。季節や天気、場所や会う人に合わせて、着物や帯、帯締め、帯留めを選びます。「意外ですねえ」と言われるかもしれませんが、私は、きれいなものやかわいいものが大好きで、浅草の仲見世を歩いていても、鼈甲《べっこう》細工のお店や扇子屋さんの前では、つい足が止まってしまいます。高価なものを欲しいとは思いませんが、いいものは手元に置きたいし、野暮なかっこうはしたくありません。自分の好きな色や柄、形のものを身につけると、気分がパッと晴れやかになるし、今日はどんな着物を着ていこうかと考えたりするのは、楽しいものです。髪形にも気をつけています。舞台やテレビに出るときの髪形はしゃこ髷《まげ》といって、昔ご隠居さんが結っていた形ですが、まったく昔どおりというわけではありません。

「お手入れが大変でしょうね。美容院へはしょっちゅう行くんですか？」と聞かれることがありますが、私は、自分の髪は自分で結っています。家でも、楽屋でも、旅先でも、どこででも自分で結うことができます。夜の仕事をする女性は、毎日決まった時間に出て行くので、決まった時間に美容院へ行けばいいのでしょうが、私の仕事は不規則なので、出ていったきりや数日帰らないこともあります。出先の美容室で気に入る髪形に結ってもらえるわけでもありません。あるときから、自分の髪は自分で結うことに決めたのです。私が髪結いさんに行くのは年に数回で、髪を染めるときとお正月だけです。

昔は、大晦日に髪結いさんに行くのも習慣になっていました。その辺のおかみさんは、ふだんはいぼじり巻きで、がさがさ働いていますが、お正月には丸髷や銀杏《いちょう》返しに結うのです。おかみさんが元日にはすっきりとした格好になるのですから、亭主は女房を見直したものです。

「元旦や己が女房にちょっと惚れ」という川柳がありますが、そんな亭主の心情を表したのでしょう。私も家の中では普通の妻だし、夫婦ともども色気は二の次になっています。それは安心感の裏返しですから、必ずしも悪いことではないでしょう。でも、亭主は、私がいつもシャンとしているのが好きなようで、年寄りくさく背中を丸めていたり、乱れた髪をしていたりすると、指摘してきます。うるさいなと思いますが、すぐにそれを直そうという気になるのは、「しゃれっ気」があるからでしょう。どうやったって女は男になれません。若い人でも年寄りでも、女性として、妻として、色恋忘れず、意地をなくさず生きてほしいものです。女は〝女であること〟を捨ててはいけません。

15

【学び続けること】

「習うは一生」。
年齢に関係なく
自分のためになることは、
どんどん学ぶべきです。

読書離れがますます進んでいるというのは聞き捨てなりません。

だって、本には自分には経験できない他人の人生や知恵が詰まっていて、読めば読むほど言葉と知識がどんどん増えるし、人生も豊かになります。人生の豊かさは、読んだ本の数に比例するといっても過言ではありません。

私は、やむなく小学校を中退しましたが、とんちんかんなことを口にして、「学校を出てないネ」と思われるのが本当に嫌だったから、毎日本を読んで、それをもとにネタを作っていました。私は小学校3年、好江ちゃんは小学校2年で中退だから、二人合わせても5年ほど。

そんな私たちがアドリブをきかした漫才を続けられたのも、引き出しにいろいろなものがいっぱい詰まっていたからです。

いまの芸能人とかタレントとか言われている若い人は、派手な車は持っているかもしれませんが、引き出しの中は空っぽじゃないでしょうか。売れないうちに自分に合うなにかを詰め込むべきだし、引き出しが空っぽになる前に学ばなくてはいけません。女の子でちょっとかわいいと、テレビが寄ってたかって取り上げ、すぐに有名にさせてしまう。その風潮がよくありません。実力がなくても、テレビが集めてくれるお客さんを相手にすればいいわけで、自分でお客を集める苦労はしません。そういうタレントは学ぼうとしないので、いつの間にか芸能界からいなくなっています。

芸人にも、「今日はこのネタをやろう」と決めて、舞台に立つ若手が多くなりました。

私は、舞台に立ったとき、お客さまの年齢層や雰囲気を見て、話す内容を決めます。お客さまの青春時代に流行したことなどを話題にすると、客席がぐっと盛り上がるのです。舞台では、私が一人で喋ったり踊ったりするわけですが、お客さまとのかけ合いも芸のうちです。お互いが気持ちよくなるように、また、笑いが起こるように一言一言を考えています。それができるのも、引き出しの中にネタが詰まっているからにほかなりません。

どんな職業についていようと、また年寄りだからもう十分と決めつけるのではなく、昔から伝わる書物、これから生まれ新しくなっていくことなど、自分のためになることならば、どんどん学んでほしいと思います。

知識として身につけられる量には限りがあり、すべてのことを知ることは不可能ですが、「習うは一生」というように、人は一生を通して学び続けるべきだと思います。

16【最高の人生】

終わりよければすべてよし。
何事も自分で納得できる
締めくくり方が大事です。

90歳を過ぎてから、「いつまでやるつもりですか」と聞かれることが多くなりました。

そんなときは決まって「やめる気なんてさらさらありません。死ぬまでやるつもりよ。目をつぶるときが来るまでね」と答えるようにしています。事実、アラ百のいまでも働く意欲は以前とまったく変わっていません。

とはいえ、冒頭にも書いたように、体の右側は下駄骨折、大腿骨折、右乳がん、右手首骨折、右目緑内障のうえに肺炎と、とても健康体とは言えません。今度、階段でも踏みはずそうものなら、「あらっと言って、アラ百芸人昇天」なんて見出しが新聞や雑誌に躍らないとも限りません。

そんなもしものことが起こるかもしれないし、いつ逝っても周りに迷惑をかけないよう、少しずつでもお金は貯めておくべきだし、それが年寄りの最終的な務めだと思っています。

それと同時に、去り際の準備さえできたら、それ以上は遠慮する必要はないし、年寄りもきちんと主張するべきだと思っています。

私の父が、こんなことを言っていました。

「人生には4通りしかない。生まれたときがよくて、死ぬときもいい。生まれたとき悪くて、死ぬとき悪い。生まれたときはよくても、死ぬとき悪い。生まれたときは悪くても、死ぬときはいい」

子供心に、私は4番目の生き方が理想だと思っていました。だって、生まれてくる環境は誰も選べないけれど、幕の引き方は自分次第ですからね。人生に幕を下ろすときに、「いろいろあったけど、いい人生だった」と納得できるのが、最高の人生だと思います。

江戸っ子がよく口にする文句に、「締めくくりが肝心だ」というのがあります。昔は帳面で商いをしていたので、年末になれば帳面を締めくくっていました。払い残しがどのくらいあるか、もらい残しがどのくらいあるかを確認するためです。そういうところから、商いをたとえにして、何事も締めくくりが肝心だということを言い聞かせていたのでしょう。

人生も「終わりよければすべてよし」で、締めくくりが大事です。

人生は仕掛け花火に似たようなものよ

玉や鍵やについだまされて
気がつきゃお空に消えている

絵を描いて　酒呑《の》んで
このまま死んでも　良い気持ち

自分で納得ができて、人さまになんの迷惑をかけずに死ぬことができれば、
それで私は十分、満足です。

第3章

健康に生きる。
百歳の壁も
なんのその

17 【背筋を伸ばす】

楽なほうに流れない。
言い訳をしない。
頼まれごとを断らない。

郵 便 は が き

63円切手を
お貼り
ください

101-0003

東京都千代田区一ツ橋2-4-3
光文恒産ビル2F

(株)飛鳥新社　出版部　読者カード係行

フリガナ	
ご氏名	性別　男・女 年齢　　歳
フリガナ	
ご住所〒 TEL　（　　）	
お買い上げの書籍タイトル	
ご職業 1.会社員　2.公務員　3.学生　4.自営業　5.教員　6.自由業 7.主婦　8.その他（　　）	
お買い上げのショップ名　所在地	

★ご記入いただいた個人情報は、弊社出版物の資料目的以外で使用することはありません。

このたびは飛鳥新社の本をご購入いただきありがとうございます。

今後の出版物の参考にさせていただきますので、以下の質問にお答え下さい。ご協力よろしくお願いいたします。

■この本を最初に何でお知りになりましたか
1.新聞広告（　　　　　　新聞）
2.webサイトやSNSを見て（サイト名　　　　　　　　　　　）
3.新聞・雑誌の紹介記事を読んで（紙・誌名　　　　　　　　）
4.TV・ラジオで　5.書店で実物を見て　6.知人にすすめられて
7.その他（　　　　　　　　　　　　　　　　　　　　　　　）

■この本をお買い求めになった動機は何ですか
1.テーマに興味があったので　2.タイトルに惹かれて
3.装丁・帯に惹かれて　4.著者に惹かれて
5.広告・書評に惹かれて　6.その他（　　　　　　　　　　　）

■本書へのご意見・ご感想をお聞かせ下さい

■いまあなたが興味を持たれているテーマや人物をお教え下さい

※あなたのご意見・ご感想を新聞・雑誌広告や小社ホームページ上で
1.掲載してもよい　2.掲載しては困る　3.匿名ならよい

ホームページURL http://www.asukashinsha.co.jp

これといった運動はしていませんが、足腰を弱らせない努力だけはしています。といっても、毎朝、家の前を１００メートルくらい歩いたり、低い段差を利用して足踏みをしたりしているだけですけど、それだけでも十分効果があります。

電柱から電柱まで最初は腰を左右に振りながら一往復。次に背筋を伸ばして手を振りながら、もう一往復。

歩くにしても、踊るにしても腰が要だし、年を取ったら姿勢が大事です。足ではなく「腰で歩く」ように意識すれば背筋も伸びるし、歩幅も大きくなります。朝の日課のほかにも、できるだけ歩くようにしています。

元気だと言われますが、実は右半身は傷だらけで、80歳を過ぎてから足の甲を下駄骨折したり、足を踏み外して東京駅の階段を三十六段も転げ落ちて右手首を折って生まれてはじめて入院したことがありました。病院へ行ったところ、手首のケガなのに、看護師さんに「車椅子に乗ってください」と言われました。

　車椅子に乗ると楽かもしれないけど、それじゃあダメになるし、車椅子に乗せられたら、外見も中身もサビついちゃうと思い、「まっぴらです」と診察室へ歩いて行きました。頭も打っていたらしく、車椅子も仕方ないかとも思いましたが、意地を張りました。

「意地っ張り」なんて、普通は悪口のときに使いますが、私はけっこう好

きな言葉です。「楽なほうに流れない」「言い訳をしない」「頼まれごとを断らない」。そんな意地の積み重ねがいまの私をつくっています。これからもそうします。

「腰が痛い」「膝が痛い」と愚痴ばかり言って自分を甘やかしていると、どんどんと老化が進む一方ですし、「動けないから」「つらいから」と他人を頼ってばかりいると自分のためになりません。

少々つらくても体を動かす。それが一番の老化防止です。自分の足で歩ける、人間にとってこんな幸せなことはありません。

いくつになっても背筋を伸ばして、前を見て歩きたいものです。

18
【外出の心構え】

年寄りが出歩くときの
重要な心構えは
動くものが近づいたら
止まること。

街はビルばかりで角の見通しがきかないから、曲がる寸前までなにが飛び出してくるかわかりません。それでこわごわ歩いていると、角から子供の自転車がすごいスピードで曲がってきたことがありました。

「気をつけなさい」と大きな声を出したら、珍しく「すみません」と返ってきました。顔を見ると、いつも私に「こんにちは」と挨拶する近所に住んでいる男の子でした。小さいころから叱られ慣れているので、とっさに謝罪の言葉が口をついて出たのです。何事もなく、男の子も素直にあやまってくれたので腹も立ちませんでしたが、通行人の横を自転車で通るときもベルすら鳴らさず、ぶつかったって知らん顔をしてる輩《やから》も多くいます。

年寄りが歩くときの重要な心構えのひとつは、動くものがきたら自分はまず止まることです。最近は健康のために散歩に出かけるときは、車や自転車は言うにおよばず、人でもとにかく止まってやり過ごすようにしています。

19

【食こそ良薬】

晩酌は一合。出されたものはなんでも食べます。

健康寿命を延ばすためにはバランスがとれた食事と適度な運動が欠かせません。「食べることは生きること」と言いますが、私たちの体は、すべて口から入る食べ物でできています。その大切な食事に偏りがあったり、量が多すぎたり少なすぎたりしても健康状態は崩れてしまいます。

うちでは亭主が料理を作りますが、プロではないので、ときには妙な味のときもあります。でも、ありがたく残さず食べます。

私の年代はみんなそうでしょうが、食べ物で苦労しました。私の場合、両親が駆け落ちして安定した生活を送れなかったという事情もあったので、子供のころからひもじい思いをしていました。ですから、食べ物は決して粗末にしません。

夕食はおかずが十品ほど並びます。亭主いわく、栄養のバランスを考えた結果だそうで、まんべんなく栄養をとっています。晩酌には、日本酒を一合出してくれます。「なんで一合なのよ。もっと飲ませてよ」と文句を言ったことがありますが、「お酒は一合までなら体にいいと、偉い先生が実験して確認したそうです」と言われました。健康のために寝酒も禁止で、「寝酒をしたら、離婚です」とまで言われています。不満はあるものの、私の体のことを思ってのことなので、言いつけは守っています。日本酒をさしつ、さされつしながら夫婦で食卓を囲むことが健康の秘訣かもしれません。

長生きには姿勢も大切です。

背中が丸くなると目線が下を向き、気持ちまで縮こまります。いくつになっても背筋を伸ばして、前を見て歩きたいものです。そのために、私は仕事から帰ってくると、必ずお茶の間の柱に背中をつけるようにしています。続いて、頭、肩、お尻、かかとをつけていくのです。全部がついた姿勢で、30秒間がんばって立ち続けます。やってみるとわかりますが、はじめから全部がぴったりつく人は少ないと思います。私も頭がなかなかつきません。亭主から、「師匠、頭がついてませんよ」「あごが出ていますよ」といちいち指導が入るのはしゃくなんですが、体も気持ちもシャキッとして、自信につながります。

それから歩くことは大事です。早くしっかりと歩くためにはコツがあります。「足を出す」と思わないことです。足ではなく「腰を前に突き出す」ようにするんです。

最近はコロナ自粛もあって出歩くことはほとんどなくなりましたが、コロナが猛威をふるう前は、出かけるときには公の交通機関に乗って、歩いていました。

20【長寿の秘訣】

大笑い、色恋忘れず、
意地なくさず。
百歳の壁なんてなんのその。

２０２０年の9月12日に、私は、満年齢で98歳になります。来年の誕生日がきたら99歳です。数え年だと百歳になります。

90歳を超えてから、「ご長寿ですね」と言われることが多くなりましたが、巷間《こうかん》で「人生百年時代」と言われるようになったいまは、私よりも年配の人はたくさんいます。毎年、厚生労働省が「老人の日」の直前に行っている調査によれば、２０１９年は、全国で百歳以上の高齢者は7万人を越えたそうで、百歳になった人も過去最多だったようです。男女別では女性が9割近くを占めていて、圧倒的に女性のほうが長生きのようです。

いまから40年前のギネスブックに、当時１１４歳で世界最長寿人物として取り上げられた泉重千代さんは、インタビューでなにが好きですかと訊かれて、「酒と女」と答えたそうです。そして、どんな女性が好みですかという質問には、「年上の女」と答えたという笑い話のようなほんとうの話が残っています。ことの真意はよくわかりませんが、泉さんは大還暦となる120歳まで生きたとされていました（のちにギネスブックはその記録を未公認としました）。現在、ギネス世界記録の「存命している世界最高齢者」に認定されているのは、福岡市在住の田中力子《かね》さんで、117歳（2020年現在）だそう。名実ともに長寿の国として世界に認められている日本では、これからも記録が更新されて、百歳でやっと高齢者の仲間入りなんて時代がくるのもそう遠くはなさそうです。

この間、物置として使っているマンションに置いてある和箪笥《だんす》をひさしぶりに開けたら、一度も袖を通していない着物が何枚も出てきました。亭主が、

「これ、いつ着るんですか」

と聞くので、

「地味だねえ。年を取ってから着るわ」

と率直に答えたら、ちょっと間があって、二人で大笑いしました。

まあ、なにはともあれ、これからも楽しいことがあるだろうし、亭主を一人にさせると寂しがるだろうから、色恋忘れず、意地をなくさず、まだまだ長生きしないといけないと思っています。

この着物
いつ着るん
だい？
地味だねぇ
年とってから
着るよ

21【ボケないために】

頭を使うこと。
テレビにもツッコむ。
ツイッターもやる。
「都々逸」を謳《うた》うこと。

年を取ったからといって、なにもしないで頭を休ませていたらボケる一方です。家にいるとき、ボケーっとテレビばかり見ていちゃダメ。

私は亭主と一緒にテレビを見ているときも、「あのしゃべり方はおかしい」「あの着物姿はさまになっていない」などと、ツッコみながらとてもにぎやかに見ています。

時事問題や世界情勢をよく

知っていないと漫才はできないから、ニュースなどを見ていると、「ネタになる」と思ったり、最近はツイッターの材料になったりもするので、テレビ鑑賞も気を抜けません。

百歳に近くなれば、ものを忘れることもたびたびあります。でも、忘れても頭を使って思い出そうと努力する。寝つけないときも、布団の中で自作の「決め字都々逸《どどいつ》」を考えます。

たとえば、いろはにほへとの「ほ」なら、「本気で言われりゃ　本気で聞くが、本気にゃ聞こえぬ　ほめ言葉」というように、「七・七・七・五」の頭文字を「ほ」にして作句します。ボケ防止にもなるし、羊を数えるよりも眠りやすいと思います。

もの忘れが多くなってきたとか、頭の回転が悪くなってきたと思ったら、それに歯止めをかける算段をすればいい。

私はのんびり休みたいとか、遊びたいと思ったことがありません。9歳で奉公に出てからずっと働いてきたから、のんびり気分でボーッとしていることができないし、仕事をしていないと、かえって落ち着きません。

「頭と体を使うと銭になる」

私はいままでこれを信条に働いてきました。だから、休み方がわからないのかもしれませんが、ボケることもなく、機嫌よく暮らしているので、これもよしと思っています。

22【自力本願】

「病人だから」「年だから」
なんて自覚はないほうが
楽しく生きられる。

手首の骨折以来、階段を下りるときには手すりにつかまるようになりました。ケガをしたり病気になったりして、どうしてもできないことが出てきたら、それは仕方のないことですが、ちょっとの工夫や努力でできることや、手を貸してもらってできることならやったほうがいい。

「動けないから」「つらいから」と、なんでも人任せにするのは自分のためになりません。「病人だから」「年だから」なんて自覚は、ないほうが楽しく生きられますよ。

年を取るにつれて健康を気にして、健康食品やら栄養剤やらをたくさん飲んでいる人がいますが、私は必要のないものは、むしろ体の中に入れないほうがいいと思っています。

薬は必要がないから飲まないだけで、医者嫌いというわけではありません。病人を救うのがお医者さまの仕事ですから、「治療すれば治る」というときは、お医者さまにお願いします。

ところがいまは、年寄りの「痛い」「つらい」を、なんでも〝病気〟にしちゃうし、ジジババ連中も「病気なんだから、ゆっくり休んで」なんて言われるがままだから、体は動かなくなるし、ものを忘れちゃうのよ。

若い人と同じ失敗をしても、年寄りというだけで「ボケ老人」や「病人」扱いされるのは、たまりません。

第4章

ボヤかず、楽しく、人と付き合う

23【関わるということ】

人との付き合いは
歯車を合わせること。
気を遣わせないように
それとなく気遣うことも大切。

ご近所さんと交流があれば、地域生活に安心感が生まれますが、うまく距離感が保てないと、気を遣いすぎてしまったり、面倒に感じたりすることもあるかもしれません。

以前、入谷に住んでいたころ、ご近所に到来物のお裾分けをしました。後日、そのご近所さんからどっさりお返しをいただきました。少々のお裾分けがたくさんのお返しに。そうなると、差し上げないほうがよかったかなと考えてしまいます。人との付き合いは歯車が合っていなければなりません。

相手に気を遣わせないように、こちらも必要以上に気を遣わないことが大切だとつくづく思います。これはご近所付き合いだけに限りません。組織にもあてはまると思います。昔は上に立つ人間は部下を使うのがうまかったし、使われるほうも自分の身の丈をきちんとわきまえていました。旦那と言われた人は、仕事の端々にまで手出しはしませんでした。わかっていても知らない顔をする。そうでないと人はうまく使えないと言われたものです。たとえば店であれば、旦那がじかに店の者に命じるのではなく、番頭格の人に言う。その人を通じて下に伝わり、店が乱れなく動くのです。職人の親方だって、「ここは俺がやらなきゃ」と、なんでもやってしまったら、子方の出る幕はなくなるし、寄りつかなくなります。腕のいい親方は、その辺は心得たもので、「野暮用があってよ、今日は帰るよ。あとは頼まあ」と先に帰ってしまう。すると、子方は、「しょうがねえなあ、おいらがいなきゃ仕事がうまく進まないんだよなあ」とこぼしはするものの、しゃかりきになって働きます。これは芸人の世界でも言えることですが、先輩たるもの、下の者にお金儲けをさせられなくては上に立つ資格がないと思います。

十分に稼いでいたら自分だけの金儲けに腐心せず、後輩の一人でも二人でも稼がせてあげる。組織でも同じだと思います。上に立つ者は、枝葉末節にこだわってはいけません。重箱の隅はつつかず、本質からはずれた些末《さまつ》なことには目をつぶったり、見て見ぬふりをする。上に立つ資格がある経営者のもとには、できる人がだんだんと集まってきて、下が上を育てる態勢になっていきます。人のために尽くしてやって、自分もうるおうというのは、いいものです。

ところが、いまはどうでしょうか。部下を使えないような上司や、使い方がわからない人が多くなっているように感じられます。地位や人間関係などの職場内の優位性をかさにきて、精神的・身体的な苦痛を与えたり、職場の環境を悪化させるパワハラやセクハラといった行為が横行しています。中小企業なんかで、社長が下の者に相対で強いことを言ってしまうから、血なまぐさい事件に発展するようなことになるのでしょうね。

地域にせよ、仕事場にせよ、人との付き合いは歯車が合っていなければなりません。

24

【夫婦のあり方】

夫婦は運命共同体。役割分担にこだわる必要はありません。

いまの人はすぐに結果を出して、一人前になりたがったり、嫌になったらすぐに辞めてしまいますが、お金を稼ぐのは、そんな甘いもんじゃありません。なにをするにも下積みや修業が重要です。腕がともなわないのに、肩書きだけ立派になっても意味がありません。

それと、勘違いしている人が多いのですが、お金を稼ぐのは別に偉いことじゃありません。

働くことができるのは、仕事をくださる方があり、家族の協力があるからです。私も、亭主がマネージャーとして仕事を調整し、家のことをやってくれるから、百歳近くになったいまでも働けるのです。そのことを十分理解しているから、素直に「ありがとう」と言えるのです。

昔から「稼ぎ男に繰り女」と言われるように、男性が働いて、女性が上手に切り盛りしている家庭はうまくいくものです。

でも、世間にはいろいろな夫婦のかたちがあります。男が働きに出ていることが一般的ですが、なかには共働きの夫婦もいるし、私たちのように女が働きに出ている夫婦もいます。

お互いが暮らしやすい快適な生活を送れていればなにも問題はないし、働くのに、本来、男も女もないと思います。

不景気で亭主の稼ぎが減ってきたら、女房が稼げばいいんです。若い人でも仕事がなかったり、中年過ぎの人がクビになったり、会社が倒産したといった深刻な話も耳にします。亭主が次の仕事を見つけるまでは、パートでもアルバイトでもやって、家計をやりくりするべきです。いい仕事につけたなら、「男が外で働き、女が家庭を守る」という役割分担にこだわらず、亭主に家を守ってもらってもいいと思います。

25【夫婦の調和】

一緒にいるんだから、
小言を言うよりも
楽しい話をしたほうがいい。

「亭主元気で留守がいい」なんてことを言いますが、うちは世間様と違って亭主が「主夫」をやっているので四六時中留守にされると困ってしまいます。

取材で夫婦のつながり方の質問を受けることがありますが、そこが根本的に世間様と異なっているところで、ここ二十数年、私は台所に入って料理をしたことがありません。でも、夫婦の調和を図るにあたってこれもありかもねと思っています。

マネージャーである亭主は、もともとは私のファン。はじめて会ったのは私が64歳のときのことで、主人はアメリカにある日系航空会社の傍系企業に勤めるビジネスマンで、当時40歳でした。出会ってからというもの、彼から毎日のように手紙が届くようになり、日本へ出張にきたときにはデートをするようになりました。エアメールは1年間で300通にもなり、ついには、プロポーズの手紙が届きました。そして、主人は日本で就職口を探して、帰国。平成3

年から、私と一つ屋根の下で暮らし始め、現在に至っています。一緒に暮らし始めてからしばらくは、私も仕事をしながら家事をしていました。亭主のお給料から生活費をもらい、それで家計をやりくりしていました。いまでも、家計に関しての流れは変わりません。

　同居を始めて2年目、彼はそれまで勤めていた会社を辞めて、私の所属事務所であるマセキ芸能社に所属して、私の専属マネージャーとなりました。やがて、「私は仕事をする人」「彼は家

事をする人」という分担が決まり、以来、「師匠の健康管理までが私の仕事です」との仰せなので、家事全般を任せています。主人は料理人ではないので、ごくありふれた食事しか作れませんが、おいしくて栄養のあるものを私に食べさせたいという気持ちが伝わってきます。

朝早くに趣味の「玉転がし（ゴルフ）」に行くときも、私の朝ごはんを用意してから出かけます。もちろん、いなくても感謝の気持ちを込めて「いただきます」と「ごちそうさま」をきちんと言います。

掃除も彼の担当で、「ここに埃《ほこり》が積もっているな」なんて気がつくこともありますが、目をつぶることにしています。

せっかく一緒に暮らしているんだから、小言を言うより、楽しい話をしたほうがいいですからね。それに、数日後に見てみると、きれいになっているので、「言わないでよかった」と思うのです。

26
【相手を思いやる度量】

文句を言うのも、けんかするのも
夫婦なら当たり前。
思いやる度量は持ち合わせること。

いまどきの女の人は、相手は高学歴がいいとか、安定した仕事の人がいいとか、金持ちと結婚しようって人もいるらしいけど、私は誰かに頼ろうなんて思ったことは一度もありませんでした。

男性に食べさせてもらおうなんて了見の女性には、自分の亭主くらい養えなけりゃ女失格よと言いたくなります。そのくらいの気概と自立心が欲しいものです。

また、最近は、「亭主が定年になったら、退職金を半分もらって別れる」なんていう人が増えているそうですが、男と女は持ちつ持たれつ。嫌なところをあげつらうのではなく、好きなところや、いままでしてもらったことなどを数えてみてはどうですか。両手で数えきれないくらいあると思いますよ。

夫婦はもともと赤の他人です。

生まれも育ちも違う者同士が一緒に暮らしているのですから、自分たちでうまくやる努力をしなきゃいけません。惚れて惚れられて一緒になったとしても、長年夫婦をやっていれば腹の立つこともあります。

色恋なんて、何年かすれば冷めてしまうものです。そのあとは、お互いの了見が大事で、この了見の持ち方で人間の度量が決まります。

文句を言うのも、けんかするのも、夫婦なら当たり前です。

けんかをすると、ときどき亭主の了見が狭いと思うこともあります。向こうも同じように思っているかもしれません。でも、どんなに大げんかしても、相手を思いやる度量は備わっています。どんなに大声でどなっても、落ち着いてから話せばお互い納得できるので、別れたいと思ったことは一度もありません。だいたい、心の底から相手が嫌いだったら口も利かないし、けんかにもなりません。相手に関心があるから文句の一つも言いたくなるわけで、「けんかするほど仲がいい」というのは、ほんとうです。怒鳴り合うなんてことは、わかり合っているからできることですから、腹が立ったときには、自分の意見を最後まで言ったほうがいいんです。互いに腹に一物《いちもつ》持ったままじゃ暮らせませんからね。勘違いしてほしくないのは、けんかは、要は話し合いだということです。口げんかならいいけれど、ののしり合いになったらいけません。この違いがわかっていないと、こじれます。

私は、基本的にはいまでも一人で生きていけると思っています。でも、二人だといいことがあると感じる日のほうが多くなりました。

最近では、亭主と手をつないで歩くことが当たり前になりました。私も昔の人間ですから、人前で男性と触れ合うことに抵抗があり、以前はとんでもないと思っていました。それに、私の亭主は24歳も年下ですから、手をつないでいると、介護されているように見えるのではという気がかりがありました。でも、いまは全然気にならないし、手をつなぐと、話をしなくても、いろいろなことが通じる気がして、心が温かくなります。

「若い旦那さんでいいわねえ。そのおかげで、師匠も若々しいんでしょう」なんてことを言われることがありますが、彼も73歳です。そんな亭主を若いままでいさせるのも、けっこう大変です。四六時中、私と一緒にいて、老け込まれたら困るから、どんどん亭主を動かして、外に出かけさせています。

もし、私の体調や機嫌が悪かったら、あの人は心配で家を空けられないし、病院通いや介護をするなんてことにでもなったら、一気に年を取るような気がします。

そうならずに、いつまでも二人で楽しい暮らしが続けられるよう、私が元気で機嫌よくしていなきゃと思っています。

一人で
生きていける

でも 二人だと
いいことがある

27【社会との関わり】

無縁社会をどうすべきか。高齢者たちこそが声を上げるべきです。

令和元年を象徴する言葉は「ワンチーム」でした。これはラグビーW杯で躍進した日本代表を支えたスローガンで、「2019ユーキャン新語・流行語大賞」の年間大賞に選ばれた言葉です。

海外出身の選手も多かった日本代表にはチームがまとまるか、大正生まれの私にとっては心配でしたが、さまざまな言語や文化を持った選手たちが一丸となって戦っている様子を見ていると頼もしく、選手全員が君が代を歌っている姿を見て、いいチームになっているんだなと実感しました。

このワンチームという精神や文化が一過性で終わったり、ラグビー界だけにとどまらないで、全国の皆さんに浸透して、どんどんと広がっていくといいなと思います。

ワンチームとは逆に、最近は無縁社会という言葉が聞かれるようになってきました。

家族や地域などにおける人と人との絆が薄れて孤立する人が増えているようですが、高齢者の皆さんはどう考えているんでしょうか。

私は、無縁社会なんて言葉を聞くと腹が立って仕方ありません。

生活経験の豊富な高齢者は、パソコンの技術こそないけれど、人生の知識はたっぷり持っています。

それなのに、そんな老人たちと無縁になるのがいまの社会だとしたら悲しいし、おかしいでしょう。

私が暮らしている下町では、いまだに「向こう三軒両隣」精神が生きています。知らない人にもあいさつをし、声をかけるのは当たり前のことじゃないでしょうか?

多様性や地域性を重視したり、異を唱える姿勢も否定はしませんが、「和をもって貴し」は日本人特有の美徳のひとつです。

いまはなんでもかんでも国に頼るわけにはいかないご時世ですから、まずは年金で生活している高齢者たちこそが、無縁社会をどうすべきか、声を上げるべきじゃないでしょうか。

28【世間との関わり】

年寄り二階に上がらず。
地べたづたいで暮らして
世間との関わりを保ちましょう。

ご近所さんが気を遣ってくれるというのは、私が芸人で少しは有名だからというわけではありません。

私が下町育ちで、気が合うという部分が大きく、家が地べたとじかにつながっているから、ご近所さんも入りやすいのだと思います。

このごろは古くなった家屋が取り壊されて、ビルやマンションに建て替えられることも多くなりました。以前、よく顔を合わせていた知り合いのご老人の家がビルに建て替えられたことがありましたが、それ以来、顔を合わせたのは一回だけでした。

馴染みの酒屋さんでも同じことがありました。

そこは立ち飲みをさせる店で、おばあちゃんが店番をしていて、私が通りかかろうものなら、「ちょっと、お寄んなさいよ」と声をかけてくれました。

その家は木造三階建ての立派な造りでしたが、十何階のビルに建て替えられて、一階は酒屋ではなくコンビニエンス・ストアになってしまい、それ以来、おばあちゃんの顔を見なくなりました。そのビルの上階のどこかでおばあちゃんは暮らしているのだと思いますが、世間との関わりが薄くなると、年寄りはいっぺんにボケてしまい、寿命が縮まります。

「年寄り二階へ上がらず」で、地べたづたいで暮らすのが長寿の秘訣です。私の家は二階建てですが、用がない限り上階へは上がらず、一階で暮らしています。

29
【ボヤかず暮らす】

ボヤいてもはじまりません。
時勢に順応しなければ
ならないこともあります。

私が住んでいる家は、樋口一葉の『たけくらべ』の舞台にもなった台東区竜泉にあります。芸人は、お座敷がかかればどこへでも参上しなければなりませんから、交通の便がいい場所に住むのがならわしです。竜泉の家から、私が舞台に出ている東洋館や浅草公会堂へは、バスで10分とかかりません。地下鉄の駅もすぐそばにあります。それに、竜泉は吉原の入り口にあたるし、自宅の路地をちょっと出れば大通りがあるので、タクシーもすぐに拾えます。そんな浅草芸人にはうってつけの場所に亭主と一緒に暮らしていますが、当時こんなことがありました。

ちょうど引っ越した日に、お向かいさんが声をかけてくれました。

「これからあなたのこと、なんて呼んだらいいでしょうか？」

と尋ねられ、

「芸名の桂子でいいわよ」

と答えました。その2、3日後のこと、私が引っ越し荷物の段ボールに埋まって片付けをしていると、

「桂子さーん、これ食べませんか」

と、お向かいの二階の窓から声がして、カレーライスを差し入れてくださいました。それ以来、お向かいさんとはあまり気を遣い合うことなく付き合っています。

古きよき時代の下町には、そんな近所付き合いがあったし、昔から住んでいた人たちの間ではいまも必要以上に気を遣わない付き合いがあります。

ところが最近はどうでしょう。下町にまでビルが立ち並び、地べたづたいの人間関係が薄まって、付き合い方を知らない人がどんどん多くなっているように思います。数年前のことですが、近所に大きなマンションが建ちました。長らく続いたうるさいマンション工事が終わってやれやれと思っていたところ、

ホッとする間もなく、今度は道路が渋滞。思わず閉口してしまいました。新築マンションだから、入居する全住民が引っ越してくるわけで、その引っ越しのトラックが道をふさいでいたのです。引っ越し業者も気を遣えばいいのに、荷物を運び込むことだけで精一杯。管理会社が駐車場を開ける気配もない。もちろん引っ越し蕎麦を持って挨拶にくる人なんて一人もいませんでした。

ご時世で近所付き合いがどんどん希薄になり、「こんなんじゃ住みやすい台東区でなくなるよ」と言いたいところですが、文句を言っても行き場がないので、こうやって自分の本に書くしかありません。

過去に縛られてボヤいていても始まらないし、私たちも時勢に順応しなければいけないこともあります。

これからの社会のあり方を少しだけ考えて、腹を立てないように暮らすようにしています。

30【近所付き合い】

遠くの親戚より近くの他人。
隣人とは節度をもって
お付き合いすること。

私が暮らしている下町では、いただいたものには必ずお返しをします。たとえばお向かいさんがおかずをつけ届けてくださったときは、お皿を返すときに、なにか食べ物をのせる。それが下町の常識というものです。

世話を焼いたり、お節介だったりするのはいいのですが、下町には規律のようなものがあり、一線を越えて入り込まれるのは好まないので、必要以上になれなれしくしたり、図々しくすれば、嫌われます。

「遠くの親戚より近くの他人」は、近所の親しい他人のほうがなにかと頼りになることを言いますが、下町で暮らしていると、人情が感じられて、そのことが実感できます。

都心に暮らす人たちは匿名希望者ばかりで、隣の住人がどんな人か知らなかったり、置くべからずの場所に自転車を置きっぱなしにしていたり、収集日でない日にゴミを出したりする人がいるというような話を聞きます。

近ごろは、そのようなルールを知らない若い人たちが下町にも増えているようです。

下町に限らず、隣人とは節度をもってお付き合いしたいし、ルールがわかる人たちに住んでもらいたいものです。

第5章

酸いも甘いも。
人生で
一番大切なこと

31

【積み上げること】

仕事と名声を長く保つには
ひとつの技芸がきちんと
積み上がっていることが重要。

最近は芸人の中にもスター気取りがいます。スターは芸能人であって、芸人はあくまで芸人です。スターの中には星のように輝いていたかと思うと、いつの間にか消えて行く人もあれば、お金をたくさん儲けてお店を出して、いつの間にやら実業家になっている人もいます。一方、芸人は職人さんと同じで、出来上がりを判断するのはお客さんです。そのお客さんを眼下に置くようなのぼせ上がった真似だけは私にはできません。

休日に普段着で町中を歩いていると、「あれ、内海桂子だ！　とても庶民的ですね」とか、電車やバスに乗ると、「師匠も電車に乗るんですね」と不思議がられることがあります。私は庶民的もなにも、最たる庶民です。

知らない人から声をかけられれば、「はーい、よろしくね」と、大きな声で応えます。小学校中退を売り物にして禄《ろく》を喰《は》んでいる私が、気取っていたのでは、どうにもさまになりません。

小さいときに芸を習ったばっかりに、私は芸人になりました。学校へも満足に行けなかった私が世の中を渡ってこられたのは、「芸は身を助ける」の言葉どおりに三味線を使った漫才を続けてきたからです。

百歳近くまで生きてくると、いろいろなことがあります。

宮中で宮様を前に漫才を披露させていただいたこともありました。舞台を踏んだということで言えば、歌舞伎座、新橋演舞場、日劇、明治座、国際劇場、宝塚劇場など、大きなところはほとんどです。

身は
アゲハの蝶に
変われども
昔の毛虫を
忘れるな
は…はい…
師匠…！

また、「寄らば大樹の陰」を意識しているわけではありませんが、長い人生の中では大樹にもたまにご縁があるもので、総理大臣にも何人かお会いすることがありました。勲章をもらったこともあります。

でも、「あたしゃ紫綬褒章や勲四等宝冠章もらったんだから」と言って、雲の上の人みたいになったら、芸人ももうおしまいです。

それにつけても、常々思い起こすのは、「身はアゲハの蝶に変われども、昔の毛虫を忘れるな」という言葉です。

蝶よ花よともてはやされて、有頂天のままでいられる人はいいでしょうが、いつどこで墜落してしまうかわからないのが芸能の世界ですから。

「一芸は万芸に通ず」というように、どんな職業にもいえることですが、仕事と名声を長く保つためには、ひとつの技芸がちゃんと積み上がっていることが重要です。

32【心のバランス】

調子が出ないときは出ないなりに振る舞うことも大切。

どの世界でもいえることですが、年を重ね、若手に追い上げられてくると、気が失せて覇気がなくなるものです。

私にしても、「こりゃだめだ」と思うときがあります。調子が乗っているときはアドリブも難なく出てきますが、いったんだめだと思ってしまい、気が抜けてくると、ありきたりのことをしゃべるしかありません。

平成9年に好江ちゃんが亡くなるまで、彼女とは48年間コンビを組んでいました。「内海桂子・好江」としてコンビを組んだとき、私は28歳、好江ちゃんは、まだ14歳でした。14歳も年下の好江ちゃんに、三味線と踊りを教え、厳しく仕込みました。周りからは「桂子さんは、鬼ババアだ」という声も聞こえてきましたが、

「こんなこともできないの。この次までにやってきな。もっと早くになんでもお金をかけて覚えときゃいいのに……」

と突き放すことはしょっちゅうで、ともかく、好江ちゃんをびしびし仕込みました。好江ちゃんにも根性があったのでしょう。私にはなにも言わないで、いまからでもけっして遅くはないとばかりに、三味線と踊りを習い始めました。数年もすれば好江ちゃんも一人前になり、私たちの周波数が合うようになりました。

漫才は、相方をおいてきぼりにして、こちらがどんどん先へ進んでいってはいけないし、こちらがおいてけぼ

りにされてもいけません。二人のバランスを保っていないと、お客さんは聞きづらくなります。私は好江ちゃんよりも14歳も年上なので、かえって気が抜けませんでした。

年上がしくじると、すぐに見下されますからね。

そういうとき、私は焦らずに「きりんも老いれば駄馬になる」で、駄馬になったふりをして、好江ちゃんに引っ張られるようにしていました。

いつまでも「私はきりんよ」という気持ちでいるのはよくないことです。

商売に限らず、年を取って気が充実しないなら、しないなりに振る舞うのも、まあいいか、と思っています。

33

【お金について】

入るを量りて出ずるを制す。
お金にこだわりすぎると
心は貧しくなります。

親が借金したり、質屋に物を預けたりしているのを見て育った私は、子供のころから無駄遣いをしたことはありません。お金がないという状態にならないよう、必死に働いてきました。

江戸っ子は「宵越しの銭はもたねえ」なんて言いますが、私はお金をため込む性分なんです。意外に思われるかもしれませんが、芸人なんて退職金がないわけだから、最後に人様に迷惑をかけないように、少しずつでもお金はためるべきだと思っています。それに、仕事がなくても、その期間を乗り越えられるように蓄えがなくてはいけません。

芸人は稼いだら稼いだだけ使うという印象を持たれているようですが、それではダメなんです。芸人なんて、売れなくなったら見向きもしてもらえなくなりますから、「おごる平家は久しからず」を肝に銘じておかないと、あとで惨めなことになります。

極端に言えば、家の米櫃《こめびつ》が空になっても、誰も一粒の米も入れてくれないのが芸能界というものです。

年に2、3回は温泉とかに行きますが、遊びにお金を使うなんてもったいないにもほどがあるし、そもそも遊ぶこと自体、私は好きではありません。賭け事なんて究極の無駄遣いだと思っています。

芸人の中にもギャンブルに入れ込んだり、お金儲けにうつつを抜かす人がけっこういて、うまい儲け話に乗って損をした人もいます。

私も以前、話題となった大会社の株を買うようにしつこく勧められたことがありました。

でも、こんな性分だから、きっぱりと断りました。それで、大正解でした。その株は、しばらくしたら暴落しました。

休まず働いて、お金を稼ぐのが一番です。

必要以上のお金が欲しいとは思わないし、なんでもかんでもケチをしてるわけでもありません。

家を買ったときにローンも勧められましたが、いつまでも借金を背負うなんて性に合わないから、無駄遣いをしないでそれまでコツコツためていたお金をおろして即金で支払いました。お金は使いどきが肝心だと思います。

そして、重要なのは「入《い》るを量りて出《い》ずるを制す」ことです。お金にこだわればこだわるほど、心は貧しくなるものです。

本業に励めば、お金はついてくるものです。「身を飾るより心に錦」ということを忘れてはいけません。

私は自分の持ち物がどんなに古くなっても、しつこく持っているほうです。いまでもときどき出して眺めるのが時計箱で、古い腕時計や懐中時計が、たとえ動かなくなっていても入っています。

人様に見せると、

「いまどきこんな時代遅れの時計をとっておいても、つまらないでしょう」

と言われます。

しかし、私は時代遅れとも、流行遅れとも思っていません。

世の中の流行がどんなに変わっても、自分が変わらなければ遅れているとは思わないものです。

最近は、若い人でも年寄りでも、新しいものをありがたがりすぎではないでしょうか。流行に踊らされるから、無駄なお金が出て行くのです。毅然《きぜん》として自我を譲らなければ、無駄なお金を使わずにすむのです。

私はこれまでもそうでしたが、これからも「笛吹けども踊らず」で生きていきたいと思っています。

34【働く姿勢】

相手の気持ちを考えて
行動すれば、
自分への評価となって
返ってくる。

仕事がないときには、目を皿のようにして探さなくてはいけません。

「大学まで出たのだから、それなりの会社に」とか「前の仕事より給料や待遇を下げたくない」という人が多くいますが、不景気だと言われてひさしい今般は、そんな虫がいい話なんてめったにありません。ましてコロナ不況で景気が後退しているし、いつ経済が復活するかなんて誰にもわからない現状では、うまい儲け話なんてありません。

愚痴をこぼしたり、弱音を吐く暇があったら、とにかく体を動かして一銭でも二銭でも稼ぎながら、この先なにをやるべきかを考えればいいんです。

仕事が見つかったら、お客さまや雇い主に言われたことをこなすだけではだめです。言われたとおりにしか動けないいんじゃ、機械と同じです。なにをすれば周りが助かるか、お客さんが喜んでくれるかを考えて動くことが大事です。

私は、働き始めた9歳のころから、人に指図される前に動くようにしています。

自分のことは二の次で、まず相手の気持ちを考える。それが、自分への評価となって返ってくるのです。

　喋りの仕事を商売にしている私にしても、「郷に入っては郷に従う」ことを旨としています。長年の経験から郷を制して、こちらに引き込むこともできますが、漫才というのは、その土地土地の気風に合わせることと、その場にいらしてくださったお

ありがとうございます
お気をつけてお帰りくださいい
パチパチ
パチパチ
パチパチ

客さんの雰囲気や人数に合わせることが大切です。

特にその場と周波数が合っていなければなりません。

最近は、幕が下りたらサッサと楽屋に戻るような配慮に欠けた芸人もいますが、私は拍手が続いていたら、幕が下りきるまで、客席に手を振り続けます。「ありがとうございます」「お気をつけてお帰りください」という気持ちを伝えたいからです。

私は毎回、心を込めて芸を披露し、お客様に手を振って感謝の気持ちを伝えたいのです。

35【受け入れること】

心の中に残っている
悲しみや不満は
時が経てばやがて薄れ、
許せるものです。

長生きをするということは、人に言えないことや過ちが多くなることでもあります。たとえば有名人の不倫ニュースがあとをたちませんが、かくいう私も不本意ながら不倫の経験があります。

相手は、高砂家と志松という漫才師で、私がはじめてコンビを組んだ相手でした。その男のおかみさんは雀家〆子《すずめやしめこ》といって二人で夫婦漫才をやっていたのですが、彼女が妊娠して舞台に立てなくなってしまい、助けてほしいと代役を頼まれました。そして、昭和13（1938）年、私は浅草にあった橘館という常打ち小屋で、雀家〆子の芸名で初舞台を踏みました。

復帰までの助っ人のつもりが、高砂家と志松からお願いされ、コンビはその後も続きました。人気が出て地方巡業にも行くようになると、夫婦漫才だから同じ部屋にされる。そういった環境のせいもあり、舞台の上だけでなく、あれやこれやと世話を焼くうち、お手つきになってしまいました。

私に子供ができたら、おかみさんは「うちの亭主をとった」と怒鳴り込んできました。「うちの亭主をそそのかして、子供までつくって」と、かんかんになって言いたい放題でした。と志松とおかみさんには言いたいことが山ほどありましたが、反論はせず、彼らのもとから去っていきました。

そのときにはもう漫才師としての実績もあったし、未婚の母として生まれてくる子供を育てるために一生懸命働こうと決心したからです。

なにをやっても自分の責任だけは果たすつもりでした。数え年で20歳のときのことです。

生まれた子供は男の子で、勝利と名づけ、当時住んでいた竹ノ塚の区役所へ出生届けを出しましたが、戸籍では私の母・安藤千代の次男となりました。

この子をおぶって巡業に出ることもありましたが、連れて行けないこともありました。そんなときは、家をあける私にかわって母がめんどうを見てくれました。そんなわけで、勝利は高校を卒業して、私の養子として入籍するまでは、私の母を自分の母親だと思って育ったのでした。

勝利を育てるために漫才の仕事は選びませんでした。2歳の勝利を置いて、命がけで戦争中の中国へ慰問に行ったこともありました。それを「大変だね」ではなく、「ひどい」と言う人もいましたが、食べていくためには仕方ないことでした。周りの支えはあったもののシングルマザーで、働きながらの子育ては大変な苦労でした。

でも、我が子というのは本当にかわいいもので、それ以上の幸せをもたらしてくれるものです。

高砂家と志松のおかみさんが亡くなる少し前に、ほかの芸人さんにこう言ったそうです。

「あの人（内海桂子）には、本当に悪いことをしたと思っている。あの人がいてくれたおかげで、うちの子供たちが大きくなれたというのに……。本当に申しわけないことをしてしまった」

そして、亡くなって間もなく、おかみさんが私に残した言葉を伝えるために、彼女の子供がわざわざ家に来たと言うのです。私は仕事で家をあけていたのですが、代わりに聞いた勝利が話してくれました。伝言を聞いた私は、おかみさんに恨まれていなかったことを知り、何十年もの間、胸の内でくすぶり続けていたわだかまりが解けて、ずいぶん気持ちが楽になりました。

「喉元過ぎれば熱さを忘れる」と言うように、どんな苦い経験も、時が経てば忘れてしまうものです。でも、ふとしたきっかけで思い出すことがあります。過ぎたことをくよくよ悩んでも仕方がないとわかっていても、なにかの拍子に嫌なことを思い出してしまうのが人の常だし、心の傷が大きければ大きいほど忘れてしまうのは簡単なことではありません。

事情を汲《く》み取ろうとしないで、言いたい放題だったおかみさんに腹の虫はおさまらず、悔しいやらばかばかしいやらで、ほとほと嫌な気持ちを引きずっていましたが、十年以上も経ってしまうと、そんな気持ちも薄らぎました。そして、いつしかおかみさんのことを許す気持ちにもなりました。同様に、おかみさんも年とともに丸くなり、私に対する気持ちが変化したんだろうと思います。

長く生きていると理不尽なこともあれば、自分の努力だけでは解決できないことがあるものです。

でも、時が解決してくれることがあるのも、また事実です。

36

【惑わされない心掛け】

こんなときだからこそ
冷静を保ち、
ワンチームにならなきゃ。

令和元年は「ワンチーム」で暮れた素晴らしい年でしたが、年が明けると一転、新型コロナウイルスの感染拡大で根拠のないデマや不正確な情報が横行し、嘘の予防法を信じたり、過剰な消費行動を起こす人が増えました。

2月下旬には、「トイレットペーパーが品薄になる。製造元が中国だから」というデマが広がって、オイルショックのときのような買い占め騒動が全国で起こりました。

直後にトイレットペーパーは国産が98％を占めていて、在庫も十分にあるというニュースがありましたが、買い占めは一向におさまる気配を見せず、私の家の近所では4月下旬ごろまで品薄状態が続きました。

その背景には、報道のあり方や流言飛語による不安があります。

新型コロナウイルスで志村けんさんや岡江久美子さんが亡くなられたという大変ショッキングなニュースが流れる一方で、治療薬もなければ、いつ収束するかわからないといった報道ばかりだと、ただ不安が募るだけです。「死亡率は高くない。手洗いをしっかり」という解説者の発言を、ハイわかりましたと聞き流すわけにもいきません。

日本の医療研究は世界のトップクラスだと思っていますが、コロナ感染の対策はうがいと手洗いとマスクだけで肝心の薬の話には及びません。そう簡単に治療薬やワクチンが開発できないことはわかっているし、不確実な情報を出すわけにはいかないのもわかりますが、誰かが口火を切って、今後の見通しや、どうなっているかだけでも説明してもらいたいものです。

政府による「緊急事態宣言」以降、コロナ禍は私たちの日常生活にも悪影響を及ぼし、詐欺やデマによる二次被害も広がっています。

感染拡大の対応は、私たちも気をつけなければいけません。無責任に噂を広めたり、正しいと思った情報であっても、安易に拡散させることは慎むべきです。

じわじわとコロナ騒動のしわよせがきて、いまや飲食店を中心に多くの店が閉まっています。近所の小さい店は閉めろと言われても生活費が入らなくなるからとかたくなに商売を続けていましたが、ひとつ抜けふたつ抜けして、ほんとうにどうやって暮らしを立てていくのだろうかと心配が募ります。

未曽有の国難とも言われていますが、明けない夜はありません。

社会的な不安が高まり、行動を制限しなくてはいけないこんなときだからこそ、冷静を保ち、ワンチームになってコロナを撃退するべきです。

37【明るい未来へ】

気概を見せる人が
多くなればなるほど、
もっと粋な世の中
になるはずです。

新型コロナウイルスが猛威をふるっている影響で、不要不急の外出を制限されたり、学校が一斉休校になったり、軒並みコンサートやら大勢の人が集まる催し物が取り止めになっています。

花見の宴会も中止せざるを得なくなり、安倍首相による「税金の私物化」などと追及を受けていた「桜を見る会」の問題もうやむやになってしまった感があります。

内海桂子・好江の時代には、春の桜の時期には必ず当時の首相主催の桜を見る会に呼んでいただいていました。会場で一般の方と写真を撮ったり雑談をしたり、いつもアイスクリームがたくさん余っていて係の人に食べていってくださいとお願いされたことをよく覚えています。そんな桜を見る会も、首相が村山さんに変わった途端にまったくお声がかからなくなりました。

長い人生を芸人として暮らしていると、大樹にもたまにはご縁があるもので、桜を見る会以外でも何人かの総理大臣にお会いすることがありました。首相官邸のお庭で「芸術文化関係者の集い」が開催されたときには、大平正芳さんが「やあ、やあ」とやってこられて、手をさしのべられました。本当に気さくで、ふっくらとしたとてもいい握手でした。

佐藤栄作さんとは赤坂の料亭でお目にかかりました。お兄様の岸信介さんが暴漢に刺された後だったので、そのことについてやりとりをさせていただいたことを覚えています。それにつけても、首相といわれる方にも雨宿りのできるような大樹が少なくなってしまいましたね。


私はもっと粋な世の中にしたいと思っています。

でも、最近は政治家も経済界の大物も野暮ばかり。そんなことをツイッターでつぶやくと、「そのとおり！」と多くの賛同があります。

政治家も60代、70代の人が極端に少なくなったし、先の東日本大震災や原発事故が起きても、気概を見せようという政治家が一人もいない。

ただ、これは政治家ばかりのせいにもしてられないんです。

「人が時代をつくる」わけだから、こんな時代に誰がしたかをじっくり考えなくてはいけません。

あとがき

裕仁天皇がお亡くなりになった昭和最後の日、私は上野・鈴本演芸場の舞台に立っていたことを昨日のことのように覚えています。その日、私らしい漫才を、私らしく喋れたことは何やら感慨深いものがありました。

私が高座に立った昭和十年代当時は、劇場の後ろには警察官の席があって、天皇陛下の話なんて一言もできませんでした。ですから、陛下が亡くなられたその日に漫才をやることは、大正生まれの私には考えられないことだったのです。

時代は激動の昭和から平成へと変わり、令和の世を迎えました。気がつけば、私も9月で満98歳。百歳まで、あともう少しです。といっても、すぐに体は壊れるし、骨も折れるし、治るのに若い人の三倍の時間はかかるらしいので、この先どう人生設計をたてたらいいのか見通しはつきません。こう考えると、とてものんびりとした生活は送れそうもないのですが、そこは年の功でゆっくり考えてなんとかうまくやりぬけています。

そんなわけで、この頃はのんびりと一日を過ごしているのですが、人間の宿命でいつもなにかを考えています。若いころは新しい物事を探してあちこち見たり聞いたりしていましたが、最近は目の前で見えていることを、まずしっかりとらえて忘れないように努力しています。

このところ、だいぶ引き出しが少なくなってその中身も軽くなってきていますが、よしあしは別にして、ちょっと開き直りが強すぎましょうが、私にはかけがえのない高年齢者という希少価値がある。そんな思いがあります。高齢者が社会に役立つには、これくらいの自己本位の考えも許していただけるのではないかと思います。

何事も人生は自分のものです。読者の皆様の中にはご高齢者の方もいらっしゃると思いますが、まずは自分で物事の判断ができるようにしておきましょう。

我が人生を振り返ると、戦争を境に、あるときは戦地や軍需工場の慰問に、平和になれば農村慰安会に……と、たとえ世の中がどうなろうと漫才ひと筋で歩いてきた私の人生航路は、まさにドタバタ漫才人生でした。

さまざまな波乱はありましたが、いつも前向きに生きてきたつもりです。

そこには、ねじ巻き人生という私の人生哲学があります。「七転び八起き」ということわざがあるように、何度失敗してもくじけずに、立ち上がればいい。私はことあるごとに自分でねじを巻き、転んでも起き上がってきました。

今はコロナ禍で、先行きが不透明な時代です。だからといってくよくよしていたって始まらないし、明けない夜はありません。明日は「明るい日」と書くように、きっといい日になります。誠実に、前向きに生きていれば明日は味方をしてくれます。

飲食店は最もコロナの影響を受けている業種のひとつですが、全国各地には、代々にわたり暖簾《のれん》と味が受け継がれている「百年食堂」が今なお残り、地元の常連客に愛されています。百年経っても、なお色あせない食堂のように、私も「百年芸人」として、死ぬまで舞台に立ち続けるつもりです。

そして、一人でも多くの方に〝笑い〟を届けたいと思います。「笑う門には福きたる」と言いますが、楽しく過ごすことが幸福を呼び寄せるだけでなく、近年の研究では、笑うと免疫力が高まり、健康長寿に対してよい影響を及ぼすこともわかってきました。

まだ、寄席や演芸場に多くのお客様が集まることはできませんが、コロナ騒動がおさまったら、舞台でお目にかかりたいと思います。最近では第七世代と呼ばれる若手芸人たちが人気のようですが、まだまだ彼らには負けていられません。
最後になりましたが、この本をお買い上げいただいた方に厚くお礼申し上げます。

令和2年春　浅草にて

内海桂子

内海桂子年譜

1922年（大正11年）	**9月12日、千葉県銚子市にて出生**
1923年（大正12年）	9月1日、関東大震災が発生
1925年（大正14年）	NHKがラジオ放送をする
1926年（昭和元年）	12月25日、大正天皇崩御。昭和に改元
1927年（昭和2年）	東京地下鉄道が開業する（上野～浅草間）
1930年（昭和5年）	**尋常小学校3年生中退**
1931年（昭和6年）	満州事変。
	神田錦町の蕎麦屋「更科」に奉公へ
1932年（昭和7年）	五・一五事件
1934年（昭和9年）	**踊りと三味線を習い始める**

1936年（昭和11年）　二・二六事件

1937年（昭和12年）　盧溝橋事件。日中戦争

1938年（昭和13年）　高砂家《たかさごや》と志松《しまつ》とコンビを組んでいた雀家〆子《すずめやしめこ》の産休中の代役で初舞台を踏み、プロの漫才師に

1941年（昭和15年）　真珠湾攻撃。太平洋戦争開戦

1942年（昭和17年）　高砂家と志松とコンビ解消。三桝家好子《みますやよしこ》の芸名で遊芸稼業鑑札取得。女子勤労挺身隊北支慰問班に加わり奥満州まで巡業

1945年（昭和20年）　東京大空襲。8月15日終戦

1946年（昭和21年）　林家染芳《はやしやそめよし》（後の林正二郎）とコンビを組み、長女をもうけたため婚姻届を提出。しかし戦後の混乱で染芳の本籍地・広島県呉市に届かず、未婚。

1946年（昭和21年）
染芳がヒロポン中毒になり別離
日本国憲法公布

1950年（昭和25年）
林家《はやしや》染団治《そめだんじ》の紹介で、夫婦漫才の荒川《あらかわ》小芳《こよし》・林家《はやしや》染寿《そめじゅ》の娘で当時14歳だった内海《うつみ》好江《よしえ》を弟子に取り
内海桂子・好江コンビを結成

1951年（昭和26年）
サンフランシスコ平和条約
日米安全保障条約締結

1953年（昭和28年）
NHKがテレビ放送を開始する

1958年（昭和33年）
東京タワー完成

1960年（昭和35年）
第4回NHK新人漫才コンクールで優勝
カラーテレビ放送開始

1961年（昭和36年）
芸術祭奨励賞受賞

1962年（昭和37年）　演芸ブーム（お笑い第一世代）到来

1964年（昭和39年）　東海道新幹線開業。東京オリンピック開催

1969年（昭和44年）　アポロ11号が人類初月面着陸

1970年（昭和45年）　大阪万博開催

1972年（昭和47年）　札幌オリンピック開催

1973年（昭和48年）　第一次オイルショック

1974年（昭和49年）　**非情のライセンス 第2シリーズ 第10話「兇悪の星」**
子連れの主婦でテレビドラマ初出演

1976年（昭和51年）　ロッキード事件

1978年（昭和53年）　成田空港開港

1979年（昭和54年）　**NHK総合の『ばらえてぃ テレビファソラシド』**
に初レギュラー出演

1981年（昭和56年）　**森田芳光監督の「の・ようなもの」主婦役で映画デビュー**

1982年（昭和57年）　**芸術選奨文部大臣賞受賞（漫才で初）**

1983年（昭和58年）　東京ディズニーランド開園

ファミリーコンピューター発売

1985年（昭和60年）　つくば万博開催。日本航空123便墜落事故

1986年（昭和61年）　チェルノブイリ原発事故

1987年（昭和62年）　**第15回日本放送演芸大賞功労賞受賞**

1988年（昭和63年）　青函トンネル開通。瀬戸大橋開通

花王名人劇場功労賞受賞

1989年（昭和64年）　1月7日昭和天皇崩御。平成に改元

1989年（平成1年）　**紫綬褒章受章**

1990年（平成2年）	**第7回浅草芸能大賞受賞**
1991年（平成3年）	湾岸戦争勃発。ソ連崩壊
1993年（平成5年）	Jリーグ開幕
1994年（平成6年）	**第45回放送文化賞受賞**
1995年（平成7年）	阪神・淡路大震災（マグニチュード7・3）発生
	地下鉄サリン事件
	勲四等宝冠章受章
1998年（平成10年）	長野オリンピック開催
	社団法人漫才協会第5代会長に就任
1999年（平成11年）	**24歳年下の成田常也と結婚（77歳、戸籍上は初婚）**
2001年（平成13年）	アメリカ同時多発テロ
2005年（平成17年）	愛知万博開催

2007年（平成19年）	**漫才協会会長職を青空球児《あおぞらきゅうじ》に禅譲し、名誉会長に。**
2008年（平成20年）	リーマンショック
2010年（平成22年）	**あした順子・ひろしの順子とコンビを結成。コンビ名はAKB48（Aはあした順子、Kは内海桂子、Bはババア、48はシワだらけの略）。**
	8月からTwitterを始める
2011年（平成23年）	東日本大震災（マグニチュード9・0）発生
2012年（平成24年）	東京スカイツリー開業
	前田敦子の「君は僕だ」のミュージックビデオに出演
2016年（平成28年）	熊本地震（マグニチュード7・3）発生
2019年（平成31年）	4月1日新元号「令和」を発表

2020年（令和2年）

ラグビーW杯日本大会開幕
消費税が10％になる
1月12日、東京・浅草東洋館にて満97歳の現役舞台を踏む
新型コロナウイルスが全世界で大流行
8月22日、永眠

参考文献

『転んだら起きればいいさ』 主婦と生活社
『七転び八起き人生訓』 主婦と生活社
『機嫌よく暮らす』 マキノ出版
『悩むヒマありゃ、動きなさいよ！』 牧野出版
桂子師匠 Twitter　ツイッターアカウント　@ utumikeiko

内海桂子（うつみ けいこ）

大正11年生まれの漫才師。千葉県銚子で生まれ、その後、浅草で育つ。9歳から働き始め、16歳で漫才の初舞台を踏む。昭和25年、内海好江とコンビ「内海桂子・好江」を結成。芸術祭奨励賞、芸術選奨文部大臣賞など多くの賞を獲得する。紫綬褒章、勲四等宝冠章を受章。主な著書に『悩むヒマありゃ、動きなさいよ！』などがある。日常を綴ったTwitterも話題に。弟子にナイツがいる。

人生は七転び八起き

2020年9月12日　第1刷発行

著　者　内海桂子

発行者　大山邦興

発行所　株式会社飛鳥新社

〒101-0003

東京都千代田区一ツ橋2-4-3 光文恒産ビル

電話　03-3263-7770（営業）

03-3263-7773（編集）

http://www.asukashinsha.co.jp

編集責任　成田常也

編集協力　左古文男

DTP　小山弘子

印刷・製本　中央精版印刷株式会社

落丁・乱丁の場合は送料当方負担でお取り替えいたします。
小社営業部宛にお送りください。
ISBN978-4-86410-755-6

編集担当　内田威